ÉLOGE

DE LOUIS XVIII,

ROI DE FRANCE.

ÉLOGE

DE LOUIS XVIII,

ROI DE FRANCE,

Par L.-M. PATRIS-DEBREUIL,

JUGE - DE - PAIX, ÉDITEUR DES ÉPHÉMÉRIDES ET DES OEUVRES
INÉDITES DE GROSLEY.

DEUXIÈME ÉDITION, REVUE ET CORRIGÉE.

A PARIS,

CHEZ

LE NORMANT, LIBRAIRE, RUE DE SEINE, N° 8;

BRUNOT-LABBE, LIBRAIRE, QUAI DES AUGUSTINS, N° 33.

1816.

A mon Père.

Désirant vous faire un hommage public, que puis=je vous offrir de plus agréable que l'éloge d'un Monarque auquel, après Dieu, tous vos sentimens sont consacrés! Ce n'est, il est vrai, qu'une esquiße imparfaite des vertus les plus sublimes. Que n'ai=je eu, pour la rendre plus digne du modèle, le feu qui vous anime dans la défense de la veuve, de l'orphelin et de l'indigent! causes sacrées, que vous embraßez avec zèle, charité et désintéreßement.

Je vous louerais davantage, si je

n'étais retenu par le respect, et si vous haïssiez moins la louange. Au reste, quand je répéterais avec Quintilien, que c'est le cœur qui rend éloquent ; avec Cicéron, que l'habile orateur doit être aussi homme de bien ; et avec d'Aguesseau, que la probité de l'avocat est un préjugé en faveur de la cause qu'il défend, je ne ferais que répéter ce que chacun dit de vous, je ne ferais que vous appliquer des traits que tout le monde vous applique.

Votre fils dévoué, P. D.

AVIS

SUR CETTE NOUVELLE ÉDITION.

La première édition de cet ouvrage, publié par voie de souscription, a été enlevée presque entièrement aussitôt qu'elle a paru.

Cet accueil et les encouragements donnés à l'auteur par Son Excellence le Ministre de l'Intérieur, et par plusieurs Préfets (entr'autres par M. le Baron de Jessaint, Préfet de la Marne, toujours disposé à accueillir ce qui peut être utile), l'ont engagé à publier cette seconde édition, et à la revoir avec tout le soin dont il a été capable.

Il a fait à ce discours des corrections nombreuses ; il y a ajouté de nouveaux traits ; et, suivant une observation de l'ami du Roi et de la religion (lequel en a rendu un compte favorable, dans la feuille du 11 mai 1816, n.° 183), il a retranché ceux qui, ne tenant point au fond, *reconnu pour être de tous les temps*, et qui n'étant relatifs qu'à la localité et aux circonstances, *n'auraient peut-être plus aujourd'hui d'application.* Heureux si le zèle avec lequel il s'est livré à ce nouveau travail, est récompensé du même succès et de la même faveur qu'a obtenu le premier !

PRÉAMBULE

DE LA PREMIÈRE ÉDITION.

CET éloge a été composé à l'occasion de l'inauguration du buste de Sa Majesté, dans le salon de l'hôtel-de-ville de Troyes, et prononcé le 25 août 1815. La circonstance de la date n'est peut-être pas indifférente à remarquer, à cause de certains traits dont l'à-propos aura peut-être disparu lorsqu'il verra le jour. Ainsi, dans le cas où sa publication serait précédée par celle de la paix, attendue d'un moment à l'autre, les considérations que j'ai développées d'après les conjonctures, pourront être nulles, et ce que j'ai dit à ce sujet regardé comme non avenu (1); mais ce sera un nouveau trait à ajouter à la louange du Roi, que ce prince ait achevé l'ouvrage qui doit procurer à son peuple un aussi grand bienfait, en moins

---

(1) On les a supprimées dans cette nouvelle édition.

de temps qu'il en aura fallu pour livrer à l'impression un aussi mince écrit.

L'amour de la patrie et du Roi l'a dicté ; l'indulgence de mes concitoyens l'a accueilli, lors du débit que j'en ai fait ; et les journaux (entr'autres le Moniteur du 29 août) en ont parlé d'une manière honorable. On me flatte que sa publication pourra être utile à la cause commune : je me rends à ce motif, comme j'ai cédé au sentiment qui m'a déterminé à l'entreprendre , malgré le peu de temps que j'avais devant moi ; temps qui aurait été insuffisant pour bien faire , même à une plume mieux exercée que la mienne (1).

____

(1) Moins l'auteur a eu de temps pour composer ce discours, et plus il a senti ce qui lui manquait pour s'acquitter de la tâche qui lui a été imposée, plus il a dû , en le retouchant, redoubler de zèle et d'efforts , afin de rendre les traits du tableau le moins indignes possible du modèle qu'il avait à peindre.

J'ai eu intention de célébrer les vertus et les bienfaits du meilleur et du plus vertueux des princes. Quels talents ce sujet n'eût-il pas exigés? Je n'ai consulté que mon cœur : mon cœur seul a fait l'ouvrage. Heureux si j'ai réussi à faire passer dans l'ame du lecteur le sentiment que j'ai éprouvé !

J'ai eu un autre objet aussi en vue, celui de démontrer combien, sur-tout dans les circonstances qui nous pressent, l'union des Français est indispensable ; et que, pour durer, elle a besoin d'être fondée sur l'amour du souverain légitime.

Loin de moi l'idée de réveiller d'odieux ressentiments ou de cruels souvenirs ! J'ai appliqué mes soins à éviter ce double écueil, dans cet écrit, dont le but est si opposé à cette idée. Je voudrais que tous les Français ne fissent qu'un peuple de frères, qu'une même famille ; et j'aime à croire que tous ceux qui s'honorent de ce nom, et à qui la patrie est chère, ont cette pensée et cette volonté. Mais s'il en était encore parmi eux qui, quoique las des révolutions, ne se défendissent pas assez du désir (que les méchants seuls peuvent concevoir) d'avoir un autre Roi que le successeur légitime de Saint Louis et de Henri IV, je leur demanderais qui donc ils choisiraient à sa place ; ou plutôt ce qu'ils deviendraient, si une nouvelle catastrophe nous enlevait en ce moment Louis XVIII et la famille royale ?

Tant que nous ne jouirons pas des fruits de la paix, qui peut seule cicatriser les plaies de l'État, le bonheur, sans doute, ne sera pas notre partage ; mais quel événement plus redoutable pourrait-il nous arriver que celui que je suppose ? L'idée, l'idée seule en fait frémir. Ah ! c'est alors que la Patrie, que nous croyons perdue, le serait véritablement ; c'est alors que, livrée à elle-même, sans chef et sans loi, elle n'existerait plus que de nom ; c'est alors qu'elle serait en proie à tous

les fléaux réunis de la guerre et de l'anarchie. L'oubli du ciel, qui dispose de tous
les événements, se joignant à la perte de
son représentant sur la terre, il ne reste-
rait à la France, plongée dans le plus
horrible désordre, plus d'autorité qu'elle
pût invoquer pour l'en retirer, plus d'autel
qu'elle pût embrasser, plus de trône à
l'abri duquel elle pût se réfugier, dans
son malheur extrême. Le double frein de
la religion et de la politique étant brisé,
l'enfer et le chaos, déchaînés sur sa
surface, se disputeraient les ruines du
royaume déchiré par les propres mains
de ses infortunés habitants.

Je n'appuierai pas davantage sur cette
triste réflexion. Je préfère m'abandonner
à l'espoir, que tout bon Français doit
embrasser, d'un meilleur avenir qui se
prépare, et qui ne tardera pas à luire, si
nous avons pour nos Rois le même respect, et si nous leur rendons le même
culte que nos pères. Nos pères n'ont-ils

pas vécu heureux sous la dynastie des Bourbons ? Pourquoi ne le deviendrions-nous pas comme eux ? Il ne nous manquera que de le vouloir, aussitôt que la paix, et l'abondance qui la suit ordinairement, reparaîtront dans la France régénérée et libre sous un chef qui veut que son règne, fondé sur la loi, soit éternisé par des bienfaits.

Livrons-nous, ô mes concitoyens ; livrons-nous à cette douce espérance avec la sécurité qui la fait naître ; et à l'amour du Roi avec la vivacité que le cœur inspire, et avec la constance que l'intérêt et le devoir commandent ! surtout qu'il n'y ait plus de haines, plus de divisions parmi nous : que la Patrie nous rallie tous autour du trône : attachons-nous invariablement à la tige royale, qui réunit les branches et jusqu'aux plus petits rameaux de cet arbre tutélaire et sacré !

ÉLOGE
DE LOUIS XVIII,
ROI DE FRANCE.

La paix avec les puissances coalisées, cette paix achetée par tant de sacrifices, et au prix de tant de sang versé dans des combats sans nombre, venait d'être proclamée; l'Europe apaisée et satisfaite avait posé les armes; le sort de la France était définitivement réglé, par le rappel au trône de son souverain légitime; et, sous les lois de son Roi, Louis-le-Désiré, elle s'avançait déjà vers de meilleures destinées.

Comment s'est-il fait que tout-à-coup l'harmonie sociale ait été troublée une seconde fois, et que le pays de l'univers le plus beau, le plus favorisé du moins par la nature, à peine calmé de ses agitations politiques, ait été exposé à une nouvelle invasion, à de nouveaux bouleversements?

Comment la Providence, dans l'ordre de laquelle rentrent tous les événements, après avoir opéré un miracle en notre faveur, en rendant un bon Roi à son peuple, un père chéri à ses enfants, a-t-elle permis qu'il ait été trahi pour un étranger qui, en abdiquant solennellement l'empire, avait renoncé à toute prétention au trône; qui ne pouvait le redemander, les armes à la main, sans usurpation, puisqu'il n'y avait plus aucun droit, et qui ne pouvait d'ailleurs y remonter, sans appeler de nouveau, contre la France épuisée, la coalition des puissances de l'Europe, qu'elle avait eu à combattre?

Comment enfin s'est-il trouvé des êtres assez aveuglés, pour ne pas apercevoir l'horrible précipice où allait nous entraîner de nouveau une lutte évidemment inégale; et assez insensés pour l'entreprendre ou la favoriser, contre toute justice, toute raison et toute probabilité de succès?

Mais cette même Providence, qui élève et abaisse, renverse et réédifie à son gré; qui *transfère la puissance d'un peuple à un autre, d'une maison à une autre,* selon qu'il lui plaît;

qui agit dans le temps, et est *patiente parce qu'elle est éternelle* (1) ; cette Providence enfin qui tire le bien du mal, a aussi permis que les desseins de l'usurpateur et de ses partisans échouassent complètement : et peut-être la sanglante catastrophe qui les a terminés à leur honte, était-elle nécessaire, pour donner aux peuples et aux rois, d'utiles enseignemens, un grand exemple, et de mémorables leçons.

Elle était sans doute nécessaire pour désabuser ceux qui, frappés d'admiration pour cet homme qui avait joué un rôle extraordinaire sur la scène du monde, avaient de bonne foi conservé pour lui de l'estime, et lui avaient accordé, avec la même bonne foi, une confiance inspirée par ses heureux succès, dûs autant peut-être aux circonstances et à la fortune, qu'à ses talens.

Peut-être encore, cette catastrophe était-elle également nécessaire, pour faire mieux ressortir les vertus du monarque légitime,

____

(1) Bossuet, Discours sur l'Histoire Universelle.

pour faire éclater plus vivement son amour pour son peuple , pour ranger sous ses lois les esprits qui n'y étaient pas encore soumis, et pour attacher à sa personne , par des nœuds plus forts et plus puissants , ceux qui lui avaient prêté serment d'obéissance , en augmentant leurs obligations ; car c'est à lui , c'est à la bonté de ce prince, que nous devons incontestablement notre conservation. Si nos maisons, si nos temples , si les murs de nos cités subsistent encore ; si nous recueillons nos moissons , si nos propriétés sont intactes, si l'incendie, le pillage et la dévastation n'étalent pas autour de nous leurs horreurs ; enfin, si nous vivons, c'est au Roi, c'est à Louis XVIII , médiateur entre son peuple et les souverains alliés, que sont dûs ces bienfaits. Le Roi de France a pu seul apaiser le juste courroux , dont les souverains de l'Europe étaient animés contre les infracteurs du traité de paix conclu entr'eux ; et , quoiqu'innocents de ce grand attentat, comme le discernement des coupables était impossible, nous étions exposés à être confondus ensemble et enveloppés dans le même châtiment. Que cette considération allège le poids de nos maux, sans rien diminuer de la réconnaissance que nous devons au monarque qui a empêché qu'ils ne fussent plus grands , et qui emploie tous les moyens qui sont en sa puissance pour les faire cesser !

C'est pour lui rendre nos actions de grâce comme à notre libérateur , c'est pour faire éclater les sentiments qui nous animent pour son auguste personne , que cette solennité nous rassemble. Son buste en marbre , élevé avec le produit des souscriptions civiques , paraît aujourd'hui pour la première fois dans cette basilique , au milieu des statues des hommes illustres de la patrie , en face du médaillon représentant son aïeul , LOUIS-LE-GRAND.

Que cette noble image , que les traits sublimes empreints sur le marbre , opèrent sur nos esprits et sur nos cœurs le même effet que produirait la présence de ce monarque vénérable. Si tout l'effort de l'art ne peut y atteindre , que le sentiment supplée à son insuffisance ; que notre imagination , échauffée par notre amour , nous représente LOUIS-LE-DÉSIRÉ comme assistant au milieu de nous. Figurons-nous que le marbre s'anime tout-à-coup ; que ce front où siè ge la majesté , que ces yeux remplis d'une douceur qui en tempère l'éclat , que cette bouche où sourit la bonté , et d'où sortent des paroles pleines de charme , qu'en un mot cette physionomie toute céleste respire ; figurons-nous que le Roi , ici présent , porte ses regards bienveillants sur cette assemblée , et nous fait entendre les sons touchants de sa voix paternelle et consolatrice. A cette vue et à ces accents, tous les cœurs ne sont-ils pas émus, saisis, transportés? Ce prodige ne fait-il pas redoubler les acclamations , dont cette enceinte a tout-à-l'heure retenti au nom de Louis XVIII ? Ne semble-t-il pas que le voile, qui couvrait sa statue ainsi animée par un saint et légitime enthousiasme , ait, en s'ouvrant, laissé voir l'olympe et le dieu qui préside aux nouvelles destinées de la France ? Ah! ce ne sont plus des acclamations ordinaires, mais des cantiques ou des hymnes d'amour et de joie : ce n'est plus une simple fête que nous célébrons , c'est une apothéose (1).

---

(1) Cette description, faite après coup, ne rend qu'imparfaitement la joie du peuple et l'espèce d'ivresse

En effet, cette inauguration du buste du Roi est comme le premier acte du culte que nous lui devons : c'est le cœur qui nous en a inspiré la pensée ; suivons l'impulsion de notre cœur ; portons à ce bon Roi nos hommages ; acquittons envers lui le tribut de la reconnaissance et de la filialité, en célébrant, autant que cela dépend de nous, par de justes louanges, et ses vertus et ses bienfaits !

Les peuples comme les individus ont leur enfance, leur jeunesse, leur virilité et leur décadence ; ils ont leurs âges de barbarie, de civilisation et de corruption, qui se succèdent tour-à-tour. Ces différents passages d'un état à un autre ne se font point sans des révolutions qui sont, dans le corps politique, comme les maladies dans le corps humain, la suite d'altérations plus ou moins graves, tantôt lentes, tantôt subites et imprévues ; lesquelles, comme tous les effets naturels, ont leurs causes plus ou moins faciles à pénétrer.

---

patriotique dont il a été saisi, à la vue du portrait du Roi : ivresse qui s'est prolongée pendant huit jours de fête continue.

Examiner celles qui ont produit la révolution française, serait pour moi une tâche aussi pénible que difficile ; mais heureusement elle n'appartient pas à mon sujet. Je ne puis néanmoins m'abstenir de remarquer que l'une des principales causes de cette révolution mémorable, dont les effets terribles se sont fait sentir d'une extrémité de l'Europe à l'autre, dans la chaumière de l'indigent aussi bien que dans les palais des souverains, a été l'abandon des principes religieux et d'une saine politique, des principes d'ordre et de justice consacrés par une longue expérience, et l'adoption d'opinions et de systêmes philosophiques, erronés, ou dont au moins la multitude, égarée par ses passions qu'ils flattaient, a fait la plus étrange comme la plus pernicieuse application.

Des législateurs anciens, qui connaissaient parfaitement le cœur humain, et qui y avaient adapté leurs lois, avaient sagement établi la légitimité des princes, non sur la volonté inconstante des peuples, mais sur le droit héréditaire : et ce principe, sanctionné par les siècles, avait préservé la société des secousses et des bouleversements, auxquels elle eût été continuellement exposée par des élections périodiques.

C'est à ce principe conservateur que la nation française dut particulièrement la tranquillité et le bonheur dont elle a joui, presque sans interruption, pendant quatorze cents ans qu'a duré sa monarchie : et c'est pour l'avoir méconnu, et pour avoir substitué des théories nouvelles à la place des antiques maximes sur lesquelles était fondée cette monarchie, qu'elle a été renversée de fond en comble, et qu'avec elle ont péri les institutions qui l'avaient maintenue pendant un espace de temps aussi considérable.

Je ne rappèlerai pas les excès auxquels, sous les noms spécieux de *liberté*, d'*égalité*, de *philantropie*, etc., le peuple, égaré par des factieux, se porta, pendant le règne de la terreur, qui pesa si long-temps sur la France : ce règne à jamais effroyable, où des scélérats, après avoir versé sur un échafaud le sang du meilleur des Rois et celui des hommes les plus vertueux et les plus éclairés de la nation, se firent un jeu de disposer indistinctement de la fortune, de l'indépendance et de la vie de leurs concitoyens ; où les rênes d'un gouvernement sans principes, furent abandonnées aux mains d'hommes sans connaissances ou sans mœurs ; où l'on vit la religion outragée, la probité et l'honneur méconnus ; où les lois, violées par leurs auteurs mêmes, furent sans force, la justice sans autorité, et la tyrannie sans frein ; où enfin la France, pressée entre les fureurs de l'anarchie au dedans et les calamités de la guerre au dehors, fut prête à succomber sous ce double fléau, suite inévitable de ses égarements.

Je ne rappèlerai pas non plus les excès du despotisme, qui s'établit par degrés sur les débris sanglants de l'anarchie : gouvernement dont les effets ne furent pas moins cruels, et où l'on vit, par une autre confusion de principes, succéder aux mots d'*égalité* et de *liberté*, ou d'*indépendance*, ceux d'*idées libérales*, de *grandeur nationale* et de *gloire* ; fantômes brillants qui séduisirent le vulgaire ; talisman trompeur, dont l'usurpation se servit habilement, qui opéra d'abord des prodiges, des actions héroïques, des conquêtes étonnantes ; puis, par un retour soudain de la fortune , enfanta des revers inouïs , et des calamités sans nombre , fruits funestes d'une révolution célèbre à la fois par de grandes choses , par de hautes vertus ,

« Et des crimes peut-être aux enfers inconnus (1).

----

(1) Vers de Racine, dans Phèdre.

Ce trait ne paraîtra point trop fort, si l'on se rappelle toutes les horreurs dont nous avons été témoins depuis 1789. Mais il faut le redire, à l'honneur de la nation française : elle ne fut point complice de ces horreurs, commises par des misérables qui étaient la lie et l'excrément du genre humain.

La mort de Louis XVI, la tyrannie de Roberspierre, et le despotisme de Bonaparte, furent l'ouvrage d'un petit nombre de furieux, de factieux et de flatteurs, qui entraînèrent la multitude.

La mort de Louis XVI jeta la consternation dans toute la France : elle fut précédée du dévouement d'hommes vertueux qui exposèrent, ou offrirent leur vie, pour le sauver. La ville de Troyes, en particulier, s'honore d'avoir donné le jour à plusieurs de ces citoyens estimables. L'un d'eux (M. Guyot, notaire), en s'inscrivant, avec son épouse et son fils, parmi les ôtages de Louis XVI, s'exprima en ces termes : « Si » jamais je meurs victime de la fureur des ennemis du » trône et de l'autel, mon dernier soupir sera pour ma » religion et pour mon Roi. » Un autre (M. Sourdat, ancien lieutenant de police) se mit sur les rangs de

Je laisse ces tableaux de l'infortune, où nous ont précipités vingt-cinq ans de discordes civiles et l'oubli des vrais principes de sociabilité, pour reposer nos esprits sur des objets plus doux, les bienfaits de notre Roi : et s'il m'arrive de retracer encore quelques traits de ces tableaux affligeants, dont je voudrais pouvoir effacer jusqu'au souvenir, ce ne sera qu'autant que j'y serai conduit nécessairement par la liaison, avec les faits antérieurs, des événements où ont

---

ceux qui briguèrent l'honneur de le défendre. Un troisième (M. Guélon-Marc), surnommé à juste titre le *Blondel français*, eut la noble hardiesse d'adresser, quelques jours avant le jugement de ce monarque infortuné, au président de la Convention, une lettre pleine de raison et de sensibilité, qui fut rendue publique, et par laquelle, après avoir démontré l'injustice, l'inutilité et le danger de prononcer ce jugement, il offrait sa tête à la place de celle du Roi, dont il demandait la mise en liberté. Si cette offre courageuse n'a pas été acceptée, elle n'en a pas moins de prix, pour avoir été faite dans un temps, où il était dangereux de la proposer. Quatre pères de famille versèrent, sur le même échafaud où avait péri Louis XVI, et pour sa cause, un sang généreux qui coulait héréditairement dans leurs veines pour le ser-

éclaté des vertus au-dessus de toute expression, comme sans modèle.

O jour d'éternelle mémoire dans les fastes
de la nation française! Jour heureux, où
retentit la nouvelle de l'arrivée prochaine du
Roi de France, LOUIS STANISLAS XAVIER,
rappellé sur le trône occupé pendant neuf
cents ans par ses aïeux, et recouvrant le dia-
dême, dont il fut comme déshérité pendant
quatre lustres! Jour pur et brillant, qui nous

---

vice des rois. L'un d'eux (M. Paillot) était arrière-
petit-fils d'un échevin célèbre par son dévouement à
Henri IV, auquel il porta le serment d'obéissance de
la ville de Troyes. Je passe sous silence l'incarcération,
pendant le règne de la terreur, de nombre de citoyens
recommandables par les mêmes sentiments. Enfin,
deux mois avant la chute de Bonaparte, il y en eut
neuf qui sollicitèrent publiquement, au risque de leur
vie, le retour du souverain légitime. De ce nombre fût
l'infortuné M. Gouault, chevalier de Saint-Louis,
lequel, ayant été condamné à mort, pour avoir porté
le signe de la fidélité à ce souverain, subit sa con-
damnation avec fermeté, et rendit le dernier soupir
pour son Roi, en criant : *Vive Louis XVIII!* persuadé
que « qui meurt pour son Roi, meurt toujours avec
« gloire ».

as apporté, au comble même de l'infortune, l'espérance de la félicité, nous te saluons! Retrace-toi sans cesse à notre souvenir!....

De quel étonnement ne fûmes-nous pas frappés! Quelle impression, quels sentiments produisit sur nos esprits et sur nos cœurs, cette nouvelle inattendue: « Paris a capitulé, « Louis XVIII revient et nous ramène la « paix! »

« Louis XVIII revient!... » Il revient, ce Roi successeur de deux monarques infortunés, dont l'un périt comme nous l'avons vu, sous le fer parricide de ses sujets qu'il avait gouvernés en père, et l'autre, jeune enfant encore, ne connut que l'adversité, et n'essaya pas même sur son front plein de candeur, d'innocence et de grâce, le bandeau royal, si funeste aux auteurs de ses jours! Il revient, ce Roi qui fut lui-même en butte aux outrages et à la persécution! Il revient de son long exil!... Mais revient-il en tyran, pour se venger et frapper des sujets qui l'ont méconnu, proscrit? Non, il revient, comme Henri IV, et le Testament de Louis XVI à la main, apportant le pardon des injures, et disposé à régner sur son peuple où il ne verra point de coupables , comme un père sur ses enfants , par des bienfaits (1). Il revient avec un cœur plein de sensibilité et de tendresse, un cœur tout paternel, dont le premier cri, en abordant son royaume, fut cette exclamation touchante, qu'il prononça avec transport , et en regardant le ciel, qu'il semblait remercier et invoquer tout ensemble : « Mes enfants, « enfin je vous revois ! » Il revient, non les armes à la main comme un conquérant , mais avec l'olive de la paix, avec un traité

____

(1) Cette phrase a excité dans l'assemblée un enthousiasme , qui prouve combien l'idée d'un roi populaire , d'un roi qui s'est constamment occupé du bonheur du peuple, est chère à la multitude. On ne prononce jamais le nom de Henri IV, on ne chante jamais son air favori, on ne le représente jamais au théâtre, enfin les chaires ne retentissent jamais de ses vertus , que les applaudissements, les cris de joie, et les larmes de tendresse, ne témoignent combien sa mémoire est précieuse à tous les citoyens. Elle le deviendra encore davantage, par l'attention qu'a le Roi de le prendre pour modèle. Il a commencé comme lui son règne, par l'oubli des injures : il le continue, par les mêmes bienfaits ; et il finira par accomplir son vœu pour le laboureur, vœu populaire dont l'accomplissement s'étendra à toutes les classes de la société.

qui fera tomber celles de l'ennemi menaçant d'une ruine entière la France déjà en partie ravagée. Et ce traité qu'il va lui proposer, et que l'ennemi prendra pour base des discussions politiques les plus importantes ; ce traité qui devait éternellement lier à la France les puissances conjurées contre elle, quel est-il ? Il est tel que devait le souscrire, non un Roi exilé qui rachète à tout prix sa couronne, mais un Roi généreux, ami de son peuple et des peuples voisins ; un Roi qui, plaçant la véri-

---

Des sentiments si louables pour un prince mort il y a 200 ans, sont d'autant meilleurs à entretenir parmi le peuple, qu'ils sont le gage de son affection pour ses souverains légitimes, et particulièrement pour la famille des Bourbons dont Henri IV est la tige. Je voudrais donc que l'on fît tout ce qu'il est possible de faire, pour perpétuer le souvenir de cet excellent prince. Je voudrais que son image fût présente partout ; qu'elle décorât les lieux publics, aussi bien que les salons et les cabinets des particuliers. Ce n'est point une adulation ; c'est un hommage pur et légitime, un culte d'amour et de reconnaissance que je propose de lui rendre, comme celui rendu à Saint Louis, dont il a eu les qualités et les vertus, mêlées, il est vrai, à des faiblesses, qu'elles ont fait excuser, et qui, en le rapprochant de l'humanité, le font aimer peut-être davantage.

table grandeur , non dans l'ambition qui , à la longue , mine et détruit les États qu'elle projète d'étendre , mais dans la justice qui les fait fleurir , restitue des conquêtes qu'il regarde comme illégitimes , et préfère se renfermer dans des limites raisonnables , plutôt que de s'agrandir aux dépens de qui que ce soit. Par là il nous réconcilie avec l'Europe , que des maximes contraires avaient soulevée ; et son esprit pacifique obtient des souverains , par la modération , ce que la violence n'avait pu leur arracher par les armes. Est-il un plus beau triomphe ?

« Louis XVIII nous ramène la paix ! » Voilà le premier , et certes le plus grand bienfait qu'il puisse apporter à ses sujets accablés de malheurs , dont il est innocent , qu'il déplore comme s'il les avait causés , et que son âme royale va s'efforcer de réparer.

Déjà sa sollicitude , avant son avénement au trône (1) , s'était portée sur ces braves

______

(1) Qui ne connaît pas la lettre de Louis XVIII à l'Empereur de Russie ? Cette lettre , par laquelle il sollicite son humanité envers les prisonniers français , est un chef-d'œuvre de sensibilité qui ne pouvait sortir que des entrailles d'un Roi , père de ses sujets.

soldats français, qui, trahis par le sort des combats, et forcés de céder au nombre supérieur des ennemis, étaient tombés en leur pouvoir. Représentons-nous, s'il se peut, la situation, plus ou moins déplorable, de chacun d'eux. Les uns végètent enfermés dans des forteresses ; d'autres respirent un air infect dans des bagnes ou sous des pontons ; d'autres, transportés sous un ciel nébuleux et glacé, sont transis par le froid ; d'autres privés, pour ainsi dire, de la lumière, sentent couler de leurs membres fatigués une sueur abondante dans des travaux souterrains ; tous, abandonnés depuis long-temps par celui pour qui ils ont versé leur sang, et séparés par les mers et par des déserts, de leurs parents, de leurs amis et de leurs concitoyens, désespèrent de revoir jamais le doux soleil de la patrie.

Le premier soin de Louis XVIII, en concluant la paix, est d'obtenir des puissances alliées la liberté et le retour dans ses États, de tous ces braves, au nombre de plus de cent cinquante mille. Les regardant et les traitant, sans distinction, et sans égard à la bannière qu'ils ont suivie, comme des enfants chéris et des serviteurs zélés , il leur prodigue tous les secours dont ils ont besoin pour se rendre , les uns au sein de leur famille , les autres sous les drapeaux de l'honneur. Heureux si , parmi ces derniers , il ne s'en trouve pas qui, égarés par des perfides , payeront un jour ce bienfait par la plus noire ingratitude et la plus lâche trahison !

Le Roi tourne ensuite ses regards sur son peuple , dont il est environné comme un père de famille l'est de ses enfants ; et son seul aspect, comme celui de la divinité même qui serait descendue du ciel pour consoler ce peuple infortuné , a opéré des prodiges qu'il n'appartenait qu'au temps de produire.

Déjà les larmes de sang , que l'oppression faisait répandre , ne coulent plus : elles sont remplacées par des larmes de joie ; et les bénédictions succèdent aux murmures et aux plaintes , qu'on n'avait pas même la liberté d'exprimer auparavant.

Des contributions excessives et toutefois insuffisantes aux besoins publics qui sont extrêmes , pèseront encore quelque temps sur le peuple. Le cœur du Roi en gémit. Il souffre de ne pouvoir à l'heure même en diminuer le fardeau ; fardeau énorme qu'il n'a point imposé, mais qu'il est forcé de laisser subsister, pour subvenir au payement des dettes de l'État arriérées. Ces dettes immenses qu'il a trouvées à son avènement au trône, il tient à honneur de les reconnaître, et veut les solder comme si elles étaient les siennes propres : car la banqueroute est indigne d'un Roi, et le Roi de France est incapable de banqueroute.

Mais ce qui sur-tout vous fait gémir, ô Roi populaire, c'est l'impossibilité de soulager la misère dont une partie de votre peuple, les indigents, sont accablés : cette misère, dont vous n'êtes pas l'auteur, et qu'ils ne vous reprochent pas, vous espérez bien un jour la faire disparaître, à l'exemple de votre aïeul renommé par sa popularité, sur les traces duquel vous vous plaisez à marcher. Votre âme sensible va hâter, par tous les moyens possibles, ce moment désiré.

Infortunés ! voilà le vœu de votre Roi, de ce nouvel Henri IV. S'il ne peut rien encore pour vous, attendez, attendez avec patience: il ne soupire pas moins ardemment que vous après le jour où il pourra venir à votre secours, et où ses mains libérales pourront s'ouvrir pour votre soulagement, l'objet constant de ses sollicitudes et de celles de la famille royale.

Portons nos regards attendris sur la noble fille de Louis XVI et de Marie-Antoinette, sur MADAME, duchesse d'Angoulême. Contemplons cette auguste princesse, si long-temps poursuivie par l'infortune : voyons-la se montrer la mère des malheureux, l'ange de consolation de ceux qui souffrent : voyons-la solliciter la bienfaisance, et exercer cette vertu royale envers les personnes de son sexe assiégées par le besoin. Sous ses auspices s'est formée, avec l'approbation du Roi, cette société maternelle destinée à dispenser aux mères de famille nécessiteuses, à celles en couche principalement, les trésors de la charité.

Contemplons, d'un autre côté, les augustes princes de la maison royale secondant les généreuses intentions, les vues paternelles du Roi : voyons-les parcourir les provinces dévastées par le fléau de la guerre, en consoler les malheureux habitants ; leur distribuer des secours provisoires, constater leurs pertes, sonder la profondeur du mal et en préparer le remède. La présence de ces princes, comme l'apparition de génies bienfaisans, fait renaître l'espérance, et excite l'allégresse dans tous les cœurs ; tous les cœurs volent à leur rencontre, précédés de la reconnaissance, comme on représente les hommes religieux des premiers temps du monde offrant des vœux aux puissances célestes, dont ils invoquaient l'assistance, et dont ils attendaient la consolation dans leurs malheurs. Ah ! ce ne sera point en vain que les Français auront eu la même confiance dans leurs princes légitimes. C'est sur eux qu'est fondé le bonheur futur de la France. Il l'est principalement sur l'union de l'un d'eux (1) avec une princesse du même sang, ornée des plus belles qualités comme des plus aimables vertus, et destinée à perpétuer la race illustre des Bourbons.

____

(1) De Monseigneur le duc de Berry avec la princesse Caroline.

Je n'entreprendrai point de décrire ce que le Roi a fait lui-même, ou projeté de faire pour la restauration du royaume, pendant les dix mois qui ont suivi son arrivée, pendant ce règne qui nous a paru si court, et qui a été si plein, qu'il pourrait paraître long par le détail des choses qui s'y rapportent.

Je passe sous silence cette foule d'ordonnances qui embrassent toutes les matières du gouvernement, toutes les parties de l'administration générale et particulière ; ces ordonnances royales, chef-d'œuvres où éclatent l'ordre, la justice et la prévoyance ; où brillent à la fois un esprit lumineux, un génie vaste, une raison supérieure, une sagesse consommée.

Je ne parlerai enfin ni des créations, ni des réformes entreprises, ni des moyens (1)

---

(1) Une des causes qui ont le plus contribué à aggraver le fardeau des impôts, c'est la solde du nombre prodigieux de troupes, que rendaient nécessaire le soutien d'une domination immense, et l'état de guerre où le Roi a trouvé la France, en y rentrant. La nouvelle circonscription du territoire, et l'exécution

d'économie, ni des mesures employées par le Roi, pour satisfaire le besoin le plus pressant de son cœur, celui de faire des heureux,

---

du traité de paix, qui déterminait le nombre des militaires à conserver, l'obligèrent à faire des réductions dans l'armée. Il ne s'y décida qu'à regret, et en conciliant ce qui était dû aux services rendus à la patrie par ses défenseurs, avec ce que prescrivaient les besoins de l'État, et une sévère économie. Cette économie, l'une des sources les plus abondantes de la prospérité publique, quand elle est sagement entendue, le Roi se l'imposa à lui-même. Il réduisit les dépenses de sa maison à l'absolu nécessaire compatible avec la dignité suprême. Enfin, considérant que l'honneur de servir l'État est la plus belle des prérogatives, et que les services qu'on lui rend, sont d'autant plus honorables qu'ils sont désintéressés, il supprima la rétribution accordée aux deux principaux corps de l'État représentant la nation ; et la croix d'honneur, assez riche de l'effigie de Henri IV, cessa d'être dotée de pensions, réservées uniquement aux défenseurs de la patrie blessés, ou aux veuves des braves morts sur le champ de bataille.

Tels ont été les principaux moyens économiques employés par Sa Majesté, pour acquitter les dettes contractées par l'ancien gouvernement, avant la révolution du 20 mars 1815, qui a précipité l'État dans de nouvelles dépenses et accru considérablement cette masse de dettes effrayante.

de soulager son peuple et d'exercer sa munificence pour le progrès des lettres, des sciences
et des arts, en un mot, de toutes les institutions propres à faire fleurir le royaume.

En attendant ce temps fortuné, dont l'on
entrevoyait déjà l'aurore dans un avenir peu
éloigné, les canaux r'ouverts à l'industrie et
au commerce par la paix, la sécurité qu'elle
avait fait renaître, et la confiance et le crédit
revivifiés par elle, avaient opéré en peu de
mois, des succès que l'immense plaie de
l'État, non encore fermée, ne permettait pas
d'espérer si promptement : tant la volonté
d'un Roi de France qui veut le bien, a des
effets heureux et rapides !

Ces bienfaits, précurseurs de la félicité
publique, furent couronnés par un don de
la munificence du Roi, qui devait en être la
source constante et le gage assuré : je veux
dire la charte constitutionnelle, ouvrage de
ses méditations profondes et de sa longue
expérience.

Les Rois, ses prédécesseurs, avaient fait
successivement à leurs sujets la remise de

certains droits et priviléges de la couronne réclamés par le bien public. Sous Louis-le-Gros , sous Saint Louis , le modèle des Rois, et sous Philippe-le-Bel , les communes furent affranchies de l'asservissement où les tenait la féodalité ; et peu à peu le peuple rentra dans ses droits que lui avait enlevés ce régime odieux , définitivement aboli par Louis XVI, avec la question criminelle , la corvée , et d'autres charges qui pesaient sur lui.

A ces concessions, le Roi a ajouté, dans sa charte constitutionnelle , toutes celles réclamées par le progrès des lumières et la direction donnée aux esprits depuis un demi-siècle. Cette charte consacre de plus tous les principes et tous les droits avoués par la raison , et commandés par l'intérêt commun du peuple et de la couronne.

Que l'on ouvre les annales des nations anciennes et modernes, on n'en trouvera nulle part une plus favorisée que la nôtre, par la libéralité de notre monarque ; libéralité d'autant plus précieuse , que cette loi fondamentale de l'État est un effet de sa propre volonté, et non une concession exigée comme condition de son retour au trône : concession qui, dans cette supposition, n'aurait ni la même force, ni le même avantage pour nous, qu'une concession libre et spontanée ; car (s'il m'est permis d'emprunter les expressions de Sa Majesté) « une charte constitutionnelle » ne peut être de longue durée, qu'autant » que la sagesse des Rois s'accorde libre- » ment avec le vœu des peuples ; et quand » la violence arrache des concessions à la » faiblesse du gouvernement, la liberté pu- » blique n'est pas moins en danger que le » trône même (1) ».

Cette constitution, que le Roi regarde comme son titre le plus beau à la postérité, où elle passera à la suite des *Etablissements* et des ordonnances de ses sages prédécesseurs ; cette constitution vraiment libérale, et sauve- garde de nos libertés, ne ressemble point à celles que l'on a vues tour-à-tour paraître et disparaître pendant l'interrègne : ouvrage des

---

(1) Préambule de la charte constitutionnelle. Ce préambule et ceux des ordonnances royales sont des chef-d'œuvres de diction comme de sagesse.

factions détruites l'une par l'autre, elles ne pouvaient avoir; comme ces factions impies, qu'une durée éphémère. Comment l'édifice social, fondé sur des bases aussi frêles, et sans cesse agité par la tourmente révolutionnaire, aurait-il pu subsister ? Comment le vaisseau de l'État, sans pilote, sans boussole et sans voiles, poussé tantôt par les vagues des passions populaires ou l'anarchie, et tantôt par le despotisme, aurait-il pu naviguer sans péril au sein de mers orageuses et semées d'écueils ? Il fallait nécessairement qu'il se brisât. C'est au milieu du naufrage qu'apparaît la charte constitutionnelle royale, comme une étoile miraculeuse destinée à diriger les passagers dans leur route, ou comme une planche propre à les garantir de la fureur des flots, et à les conduire au port.

Fixons notre vue sur cette étoile étincelante dans la nuit épaisse qui nous environne; saisissons avec empressement, cette planche salutaire, qui s'offre à nous dans notre détresse, plutôt que de nous laisser entraîner par de fausses lueurs, ou de nous attacher à des débris sans consistance, qui nous exposeraient à périr. Mais, hélas! au milieu de la sécurité qu'inspire aux vrais Français, l'unique moyen de salut que la bonté du Roi leur présente, avec une confiance qu'il partage avec eux ; voilà que, soudain et contre toute attente, il s'élève un nouvel orage formé par les complots des méchants. Une nouvelle tempête politique menace d'éclater sur nos têtes. La guerre civile et étrangère, qu'elle recèle, en sera l'horrible résultat.

En vain le Roi, toujours calme pour lui et tremblant pour son peuple, lui crie de ne pas se laisser égarer, et lui montre le danger qui le presse. Sa voix paternelle est méconnue. Une invincible destinée, une fatalité inexplicable, entraîne encore ce peuple infortuné à sa ruine. L'étranger qui fit tous nos malheurs, inutilement confiné sur un rocher, au milieu de la Méditerranée, revient de son île, et est accueilli une seconde fois, à l'aide de la perfidie, du mensonge, des vaines illusions, et sur-tout de la Terreur qui le précède. C'est sur l'horrible char de cette furie, qui désola si long-temps la France, que, semblable à un tigre altéré de sang et brûlant d'en répandre, il s'élance, avec impétuosité, pour envahir de nouveau le trône qu'il a perdu par sa faute, qu'il n'a cédé qu'à regret, et que Louis XVIII à son tour est forcé de lui abandonner sans opposer de résistance.

Ici vont s'ouvrir de nouvelles scènes où éclateront, d'une manière admirable, toutes les vertus de notre auguste et malheureux monarque, sa résignation, sa sensibilité, son humanité, sa force, son courage, sa piété, sa générosité, sa grandeur d'âme, en un mot, l'ascendant suprême que l'assemblage des plus héroïques qualités, unies à l'infortune, mérite d'obtenir.

Considérons d'abord la noble résignation avec laquelle le Roi descend du trône héréditaire, sans vouloir le défendre aux dépens du sang de ses sujets fidèles ; à la différence de l'usurpateur qui, sans droit comme sans titre, veut, à quelque prix que ce soit, remonter sur ce trône auquel il avait solennellement renoncé. C'est que le Roi est vraiment le père de son peuple, qu'il confond ses intérêts avec ceux de ses sujets ; tandis que l'usurpateur a toujours subordonné la sûreté et la grandeur de l'État à sa propre sûreté et à son élévation personnelle , les intérêts du peuple au succès de ses projets ambitieux , et que , régnant par la force , il n'était plus depuis long-temps que l'oppresseur des citoyens , sur lesquels il prétend encore dominer. Louis XVIII sera-t-il humilié , pour avoir délaissé ce qu'il n'aurait pu défendre sans de grands malheurs ? Non , sans doute. Sa gloire , au contraire , n'en acquerra que plus d'éclat : elle sera pure et sans tache , comme le lys , emblême de la légitimité de sa couronne. Ce prince n'en sera que plus grand aux yeux de la postérité , comme aux yeux de celui qui pèse et juge les actions des Rois , pour avoir épargné un sang précieux que ses vœux ont constamment eu pour objet de ménager , tout au contraire de l'usurpateur qui , pendant sa domination tyrannique , l'a fait couler comme à plaisir , par torrent , sur les champs de bataille.

Semblable à son vertueux frère, à Louis XVI, ce Roi martyr de sa tendresse pour ses sujets, ce Roi pour qui, à sa mort, les cieux se sont ouverts, au milieu du concert des esprits bienheureux auxquels il ressemblait, Louis XVIII préfère tomber , s'il le faut, victime des hommes égarés qui le poursuivent, plutôt que d'exposer la vie d'un seul citoyen, pour sauver la sienne. Que les partisans de l'usurpateur, s'il lui en reste, vantent après cela la facilité de son prétendu triomphe!

Mais le Roi abandonnera-t-il, dans cette extrémité, au sort qui les menace, sans chercher du moins à les y soustraire, les sujets qui lui sont demeurés fidèles? Ah! s'il le peut sans effusion de sang, il ne négligera rien pour y parvenir. Son cœur paternel, dont rien n'est capable d'altérer l'affection, gémit de sentir ceux qu'il porte dans ce cœur si tendre, exposés aux mêmes calamités, aux mêmes périls, que lorsqu'il vint la première fois les sauver de leur ruine. Mais il se gardera bien de provoquer dans cette vue un remède, dont la violence et les effets terribles et incalculables peuvent être pires que le mal.

Qu'on ne l'accuse pas d'en avoir eu même la pensée! Celui qui, dans la vue d'éviter la guerre civile, n'a point voulu employer les bras de serviteurs prêts à le défendre, ne recourra point aux armes étrangères, qui exposeraient ses sujets à tous les maux de l'invasion. Mais il ne dépend pas de ce bon Roi de détourner de son peuple ce dernier fléau, le plus grand de tous. La sûreté des peuples étrangers et de leurs souverains n'étant pas moins compromise que celle de la France, par le retour de l'ambitieux qui tour à tour attaqua et essaya de renverser tous les trônes, il ne dépend pas de la volonté d'un Roi sans puissance d'empêcher que l'Europe, l'Europe entière, qui déjà s'était armée pour assurer son indépendance menacée, ne se lève de nouveau pour la soutenir, et pour venger tout ensemble la liberté des nations, la majesté des Rois, et la sainteté des traités violés par cet homme sans foi, qui jamais n'en respecta aucun.

Tout ce que Louis XVIII peut faire, tout ce que sa tendresse pour son peuple exige de sa justice, c'est que, s'interposant comme un médiateur entre ce peuple malheureux prêt à être écrasé, et les puissances alliées, irritées par cette nouvelle agression, il sollicite d'elles la déclaration positive qu'elles ne regarderont point la nation française comme complice, qu'elles ne la traiteront point en ennemie, et qu'elles ne feront la guerre qu'à l'usurpateur et à ses adhérents : distinction équitable, que la sollicitude du Roi a obtenue de la magnanimité des souverains alliés.

Cette sollicitude constante et généreuse augmente en même temps que le péril s'accroît. Le Roi, du fond de sa retraite, ne cesse d'exhorter son peuple, par les proclamations les plus touchantes, à séparer sa cause et ses intérêts, qui lui sont si chers, de la cause et des intérêts des perfides qui le trompent, et à abandonner, pendant qu'il en est temps encore, les bannières de la révolte et du crime. Ses paroles sont étouffées sous les cris que poussent, du nord au midi de la France, les démons de la discorde et de la guerre, dont le souffle semble avoir infecté les esprits et les cœurs de la multitude.

Je passe sous silence ces immenses préparatifs, qui ont coûté tant de trésors, et qui devaient aboutir à faire couler inutilement tant de sang et de larmes ; préparatifs tels qu'on n'en avait point vus depuis les temps de carnage où les Attila, les Genseric, et les autres fléaux du monde, traînèrent après eux toutes les inventions de l'enfer pour ravager la terre. J'abrège des détails pénibles à retracer et à entendre, pour arriver au moment décisif du sort de la France, au moment fatal où l'heure des combats ayant sonné, après des prodiges de valeur, accablés par le nombre et non vaincus, l'élite de ses guerriers, cent mille braves qui faisaient sa principale force et sa gloire, tombèrent (1) sur le champ de bataille, hélas! avec un courage digne sans doute d'une admiration éternelle, mais qui fait regretter que, fidèles à leur serment et à leur devoir, ces braves n'ayent pas défendu une plus juste cause.

Quels sentiments, ô Roi exilé de vos États, votre âme éprouva-t-elle à la nouvelle de ces événements tragiques? les mêmes que Henri IV éprouva lorsque, forcé de combattre la Ligue qui lui contestait son droit au trône, et de conquérir son royaume les armes à la main, il voyait couler le sang de sujets rebelles, qu'il aurait voulu épargner au prix

____

(1) A Waterloo.

du sien. Comme un père tendre, vous éclatâtes en gémissements, en sanglots, en apprenant la perte de ceux que vous appeliez, que vous regardiez toujours comme vos enfants ; vous donnâtes des larmes à ces braves, quoiqu'ils fussent morts en combattant contre vous, pour l'usurpateur qui, moins généreux que vous, et comme accoutumé à ces *consommations d'hommes*, contempla d'un œil sec leur défaite, et, ne pensant qu'à assurer son salut par la fuite, laissa leurs cadavres sans honneur, et les blessés échappés au carnage, sans soulagement. Mais, ô Roi bienfaisant, votre humanité veillait à ces soins ; vous fîtes inhumer ceux dont vous auriez voulu racheter la vie, après avoir tenté inutilement de la leur conserver ; et vous privant, dans votre exil dont le terme était encore incertain, de votre absolu nécessaire (dussent des ingrats s'armer encore contre vous), vous fîtes soigner à vos dépens les blessés recueillis dans les hôpitaux de la ville où vous étiez réfugié. Votre piété s'abstint de prendre part au chant religieux, dont les temples de cette ville retentirent en actions de grâces d'une victoire qui vous navra le cœur, quoiqu'elle vous r'ouvrît le chemin de vos États ; mais en revanche vous fîtes offrir , pour les guerriers dont vous aviez honoré les dépouilles mortelles , le sacrifice expiatoire : consolation bien douce à votre cœur , au milieu de votre amertume !

Enfin, votre sensibilité fut mise à la plus cruelle épreuve , par la crainte que vous inspira une délicatesse de sentiments exquise : vous tremblâtes qu'on ne vous imputât cette catastrophe terrible , que vous aviez vainement voulu prévenir par vos proclamations à l'armée : et dans une position aussi affligeante , que votre courage soutint avec héroïsme , votre esprit eut la force de ne pas se laisser abattre , et de ne pas désespérer du retour , vers l'autorité légitime, de vos sujets égarés ; de ces sujets toujours chéris, pour lesquels vous étiez disposé à sacrifier votre vie , comme vous aviez sacrifié votre trône.

Ah ! Prince aussi généreux qu'humain , aussi sensible que charitable et pieux , rassurez-vous : la calomnie aura beau faire , elle ne vous atteindra point : vous êtes au-dessus de ses soupçons et de ses outrages. Toute la France a su les angoisses que vous avez éprouvées, et les pleurs que vous avez versés sur ses maux : elle connaît tout l'intérêt, toute la tendresse que vous éprouvez encore pour elle, pour elle qui vous a offensé ; et c'est en vous, en vous seul, qu'elle met l'espoir de son salut.

O Roi désiré, hâtez-vous, hâtez-vous de revenir consoler vos sujets malheureux ! ils vous attendent avec impatience comme leur libérateur.

Il était réservé à la ville où reposent les cendres immortelles du vertueux pontife qui développa, dans Télémaque, les maximes des bons rois, d'ouvrir, la première, ses portes au souverain qui, toute sa vie, a médité ces maximes, d'après lesquelles il veut régner.

Français, amis de l'ordre et de la paix, réjouissez-vous ! le drapeau royal flotte dans les airs ! Des murs de Cambrai, votre père s'avance vers vous : il accourt, les bras ouverts, pour embrasser ses enfants, ses enfants qu'il brûle du désir de revoir, de trouver repentants, tous unis dans les mêmes sentiments, et auxquels son cœur a déjà pardonné.

Il s'avance, précédé de la bannière des lys, accompagné des serviteurs qui ont partagé son exil, et suivi des volontaires qui, des provinces voisines du théâtre de la guerre, s'empressent de marcher sur les pas de leur Roi.

Le voici dans la cité célèbre par le dépôt des augustes dépouilles de ses ancêtres, jadis vénérées, et depuis la révolution indignement profanées ; dans cette cité, qui, la première des Gaules, vit briller le flambeau de la foi de nos pères, et déploya l'oriflamme, antique *palladium* de l'honneur français, dont le cri chevaleresque était *Mont-joie* et *Saint-Denis*.

Cœurs sensibles de la capitale, vous surtout, sexe non moins généreux qu'aimable et tendre, volez au-devant de votre Roi ! Accourez, de votre côté, au-devant de ses vœux qui vous appellent : formez-lui une cour et un cortége brillant ; et, tandis que l'usurpateur, couvert de mépris et de honte, fuit vers le vaisseau qui doit le conduire à son dernier exil, ramenez en pompe à son palais, au milieu des bénédictions et des cantiques d'amour et de joie, l'héritier légitime de Saint Louis, de Henri IV et de Louis XIV.

Mais, qu'ai-je dit? son palais! L'étranger, maître de la capitale, l'occupe : il l'occupe par droit de conquête. Tout a fléchi devant lui, depuis la fameuse bataille qui a décidé des destinées de la France. Ce royaume, autrefois si florissant, maintenant dévasté en partie, est presque entièrement tombé en sa puissance. Le Roi n'a plus d'armée, plus d'arsenaux, plus de places fortes, ou celles qui tiennent encore flottent, irrésolues sur le parti qu'elles doivent embrasser, relativement à leur défense, dans l'intérêt commun de la patrie et du prince (1). Sa couronne, seul trésor qui lui reste avec le cœur de ses sujets fidèles, n'est plus le brillant héritage de Louis XIV, mais comme il l'a dit lui-même, une *couronne d'épines*.

Cependant, c'est en ce moment où le Roi paraît humilié, qu'il est plus grand, plus imposant, plus respectable, et plus respecté que jamais. Le malheur a imprimé sur son front auguste une majesté presque divine ; et

---

(1) Par ce qui précède et ce qui suit, il est évident que ce récit se rapporte au 8 juillet, jour de la rentrée du Roi à Paris.

il sort de cette couronne d'épines des rayons
de gloire immortelle , qui effacent l'éclat des
diadêmes les plus brillants de la terre. Son
cortége n'est pas seulement composé des
nombreux serviteurs qui lui sont restés attachés : comme s'il était triomphateur , son
char modeste entre dans sa capitale , au
milieu d'une affluence extraordinaire de peuple , accompagné et suivi d'étrangers de la
plus haute distinction , d'officiers et de géné-
raux illustres , qui s'empressent de lui rendre
leurs hommages. Les souverains alliés lui
marquent tous le même empressement , et
montrent une déférence à ses volontés ,
qui témoigne l'estime et l'admiration dont
ils sont pénétrés pour ses vertus. Ains iSaint
Louis , captif chez les Sarrasins , obtint
non - seulement des adoucissements à son
sort, mais encore le tribut de respect de ce
peuple , qui voulut même , au rapport de
quelques historiens, lui déférer le sceptre et
la couronne (1). Tant la vertu a d'ascendant !

---

(1) Est-il besoin de faire observer que cette com-
paraison n'établit d'autre parallèle entre Saint Louis
et Louis XVIII, que celui de la vénération et des
égards inspirés par leurs malheurs et leurs vertus ?

Tant il est vrai qu'elle est par-tout souveraine, et qu'elle commande, dans la captivité et dans les fers, aussi bien que sur le trône !

Louis XVIII, dépouillé de ses États par la rébellion, les recouvrera, non par la force des armes, mais par la force de son caractère, par l'effet de la vénération qu'il inspire, et en vertu de la foi due aux traités. Et ici se fait remarquer encore la prodigieuse différence, qui existe entre l'usurpateur et le Roi légitime. Avec le premier, les traités les mieux cimentés ne rassurent pas les princes, au lieu que la parole du Roi légitime est un gage suffisant pour leur garantie : et respectivement, la loyauté des princes répond au Roi de l'exécution de leurs promesses.

Ainsi, Français, ne craignez rien ; ayez la noble confiance de votre Roi dans les souverains alliés. Déjà ils ont prouvé leur magnanimité, en le replaçant sur le trône de ses aïeux, d'après le vœu de la nation : ce trône, ils ne sont pas venus le lui ravir, mais au contraire le lui rendre plus affermi que jamais, en le fondant sur une paix durable.

O vous, qu'une destinée singulière a conduits, des bords de la Néwa sur ceux de la Seine, dans nos murs ; nobles étrangers (1), que j'aperçois, au milieu des citoyens, offrant à notre vertueux monarque le tribut de vos respects, votre présence nous fait pressentir que le jour où nous jouirons de ce bienfait n'est pas éloigné. Votre sensibilité doucement émue d'un spectacle si propre à toucher le cœur, nous en est garant : mais, si pour achever de l'émouvoir, il était nécessaire de vous offrir un spectacle plus puissant, par le rapport des destinées de deux grands peuples, jetez les yeux sur la France ;

----

(1) MM. les officiers russes présents à la cérémonie de l'inauguration du buste de Sa Majesté. Ces messieurs ont manifesté prendre le plus vif intérêt à cette cérémonie, comme à l'éloge du Roi : j'ai cru ne pouvoir mieux reconnaître leur générosité, qu'en embellissant cet éloge, de celui de leur nation et de leurs souverains, qui s'y rapporte, dans la prosopopée ajoutée à l'endroit où je leur adresse la parole. J'ai eu d'ailleurs un autre motif en vue, en faisant cette addition : ça été de développer par des faits constants une de ces vérités immuables, effrayantes pour les oppresseurs, consolantes pour les opprimés, et dignes de la méditation continuelle des gouvernements comme des peuples.

voyez-la, cette France, jadis si brillante, maintenant si triste et éplorée ; voyez - la prendre la parole ; et, avec l'accent de la dignité supérieure au malheur, écoutez-la vous dire :

« Naguères, sous un potentat célèbre par
» son amour pour les beaux-arts comme par
» ses triomphes (1), j'ai imposé à l'Europe
» des lois qu'elle a reçues avec plaisir, parce
» qu'elles étaient fondées, moins sur la puis-
» sance, que sur la persuasion et l'intérêt
» commun des nations.

» Alors, le fondateur de votre empire (2)
» ne dédaigna pas de venir visiter mes ate-
» liers, et de prendre, auprès des artistes
» dont les chef-d'œuvres faisaient ma gloire,
» des leçons qui contribuèrent à l'embellis-
» sement de ses États.

» Avec les arts dont son génie vous enri-
» chit, vous adoptâtes en partie, autant que
» votre caractère et le climat l'ont permis,

---

(1) Louis XIV.
(2) Pierre-le-Grand.

» mes lois, mes mœurs, mes usages ; et tout,
» jusqu'à ma langue devenue universelle ,
» excita votre curiosité et votre émulation
» généreuse. Le commerce rapprocha nos
» contrées, quoique séparées par des mers ,
» et les liens de l'estime et de l'amitié unirent
» mon peuple et le vôtre.

» Lorsque la révolution, qui causa ma ruine,
» eut éclaté , et que l'infortuné monarque
» qui régna le dernier sur moi , eut péri, une
» grande princesse (1), qui vous gouvernait
» avec gloire , résolut de poursuivre la ven-
» geance de ce crime , dont la punition in-
» téressait tous les souverains. Son auguste
» descendant, votre magnanime Empereur,
» héritier de ses desseins comme de son
» génie et de ses vertus, embrassa la même
» résolution , accueillit l'infortune de mon
» Roi, et jura de le replacer sur le trône
» héréditaire. Les succès passagers obtenus
» par l'usurpateur qui m'oppressa si long-
» temps du poids de sa tyrannie, reculèrent
» ce moment. La flamme et le fer à la main ,

----

(1) Catherine II.

» cet usurpateur heureux s'ouvrit le chemin
» de vos États, et fut sur le point de réussir ;
» mais, par un revers éclatant de la fortune,
» il trouva bientôt sa ruine dans les feux
» qu'il y alluma, et dans les glaces où sa
» témérité engagea son armée. Dans son
» triomphe momentané, comme dans le
» vôtre qui le suivit, j'ai failli, victime tour
» à tour de l'un et de l'autre, rencontrer
» également mon tombeau. L'incendie de
» Moscou éclaira presque la prise de Paris.

» Guerriers, contemplez dans ce tableau
» rapide des événements qui se sont suc-
» cédé, la vicissitude des choses humaines.
» Voyez particulièrement la fatalité qui suit
» le sort des armes.

» Vous vivez, ô Puissances conjurées
» contre moi ! Aujourd'hui victorieuses,
» vous éprouviez, il n'y a pas long-temps
» encore, la destinée que j'éprouve. Que
» votre prospérité actuelle ne vous fasse pas
» perdre de vue vos malheurs passés ! Et
» puissent ceux dont je suis atteinte, vous
» servir comme à moi d'enseignement ! »

Ce discours, ô mes concitoyens, a touché

le cœur de ces étrangers généreux. Que leur bienveillance et les vertus de notre Roi vous rassurent ! Oui, bientôt le jour désiré de la paix se lèvera sur notre malheureuse patrie. Déjà quelques rayons de son aurore commencent à luire sur nous. Ce bon prince a obtenu des souverains alliés l'allégement des charges de guerre à supporter par son peuple. Et quelles que soient les conditions des traités définitifs, le nouvel état dont nous jouirons, sous les auspices de la paix, de l'union et de la concorde, sera toujours infiniment préférable à celui où les dissentions civiles et la guerre étrangère nous ont plongés (1).

Sans doute de longs et douloureux sacrifices nous sont imposés ; mais pouvons-nous les trouver trop pesants, lorsque notre souverain, notre père, soutient lui-même le fardeau qui nous accable ; lorsqu'il se dépouille, de son propre mouvement, et abandonne

----

(1) C'était la pensée de Pierre Pithou, qui, après avoir vécu dans des circonstances à peu près semblables, s'est exprimé ainsi dans son testament : *Pacem vel injustam (quod bonâ bonorum omnium veniâ dixerim), civilibus discordiis belloque potiorem, putavi.*

une partie considérable de ses revenus, afin de diminuer la masse des impôts nécessaires, pour indemniser les puissances ; lorsque la famille royale, suivant son généreux exemple, joint à ses libéralités des dons proportionnés ; et qu'enfin tous ses serviteurs, sans exception, contribuent pareillement par la diminution de leurs traitements et de leurs dépenses ? Qui ne serait pas ému de bontés si touchantes et de privations si pénibles, et qui ne s'empresserait pas de les reconnaître ! Bénissons-le de ce nouveau gage de sa sollicitude qui, semblable à celle de la Providence dont il est l'image, s'étend à tous ses sujets indistinctement. Bénissons-le des efforts qu'il fait pour accélérer le terme de nos maux, dont il n'est pas moins affligé que nous.

Admirons en même temps la prodigieuse activité qu'il a constamment déployée, pour rétablir l'ordre dans toutes les parties de l'administration, nonobstant la multitude de troupes étrangères qui couvraient naguères le royaume. Que la vue de ses travaux multipliés, et le succès qu'ils obtiennent, nous donnent la plus haute idée de son habileté à gouverner, et fassent naître à la fois dans nos esprits la confiance qui rassure par l'exemple du passé, et l'espérance qui enrichit l'avenir des biens que promet le présent, comme la vue des arbres en fleur et des moissons encore en herbe, enrichit à l'avance le laboureur des trésors de Pomone et de Cérès, qu'il ne peut encore recueillir, mais dont il a la promesse et l'espoir.

De nouvelles ordonnances inspirées, comme les précédentes, par la bienfaisance, et dictées par la même sagesse : un système de police mieux entendu et confié à des mains habiles et prudentes : la punition dont la justice du Roi menace les perturbateurs de l'ordre, et sa clémence, réservée pour les hommes égarés, laissant agir la sévérité des lois contre les coupables, auteurs de nos maux : le licenciement de la force armée, et sa réorganisation dans un esprit national et propre à prévenir toute nouvelle révolte : la réforme du ministère, celle des corps nationaux et des autorités civiles : la protection accordée aux seules institutions vraiment libérales : l'hommage rendu à la religion, par l'amélioration du sort de ses ministres, et par la sanction nouvelle des anciens priviléges du sacerdoce ; — aux bonnes mœurs, gardiennes des empires , par la révision des lois qui en consacraient en quelque sorte l'outrage et le scandale ; — aux sciences et aux arts, par le rétablissement du culte des Muses , et par les encouragements réels et glorieux accordés ou promis à leurs favoris, qui n'en obtenaient que de factices et d'humiliants, sous le despotisme , avare de ses largesses honteuses, même envers ceux qui lui prodiguaient un encens vénal dans des ouvrages de commande : en un mot, tout ce que le Roi a fait depuis son retour et ce qu'il projète de faire pour le bien du royaume , tout nous présage que le bonheur, qui a fui le sol de notre malheureuse patrie , n'est pas loin de revenir; que le soleil, qui éclaira les beaux jours de la France, n'est pas loin de reparaître ; et qu'il reprendra sa force et son éclat, lorsque les orages des factions, dont il a été obscurci, seront entièrement dissipés par le retour du calme et par la restauration complète de la monarchie.

Sous l'influence de ses rayons salutaires, je vois cette belle France, dont la gloire a pu être momentanément éclipsée, mais non à jamais perdue , recouvrer son ancienne splendeur , reprendre son rang parmi les puissances ; et, par la prospérité de son agriculture , de son industrie et de son commerce , sources inépuisables de richesses qui se renouvellent sans cesse , se consoler de la perte de conquêtes ruineuses : je la vois oublier sans regret les rêves d'une ambition délirante , qui n'était jamais satisfaite que par la dissipation de ses trésors ; et, de plus en plus adonnée à la culture des lettres , des sciences et des arts, dont elle a conservé et même augmenté , au milieu des troubles civils , le brillant et immortel héritage , je la vois enfin acquérir une gloire mieux appropriée à ses institutions , à ses mœurs , à la morale publique , une gloire moins coûteuse , plus réelle et plus solide que la gloire funeste qui suit la victoire , et que donnent des lauriers arrosés de sang et de larmes.

C'est ainsi qu'ont fleuri tour à tour les royaumes et les empires les plus renommés ; l'Égypte , sous Sésostris ; la Grèce , sous Aristide et Périclès ; Rome , sous Auguste , Titus , Trajan et les Antonins ; la France , sous Charlemagne , Saint Louis, Charles V , François Ier et Louis XIV.

O siècle de Louis-le-Grand, dont j'a-
perçois l'image ! Siècle de la véritable grandeur française ! Siècle à jamais mémorable ,
que rappellent nos regrets et nos vœux !

« Siècle heureux, revenez sous un autre Louis !

Revenez sous notre monarque chéri, qui
se montre digne de ses ancêtres ; sous de
braves chevaliers, l'honneur comme l'appui
du trône, et qui, tels que les Duguesclin,
les Bayard, les Crillon, les Turenne, sous
la monarchie, et tels encore que de nos
jours, les Moreau, les Pichegru, les Mar-
mont, les Victor, les Macdonald, les Beurnonville (1), les Defeltre, les Oudinot, les

____

(1) Cet illustre général, qui a été proscrit et a suivi
Louis XVIII à Gand , est un des personnages qui ont
le plus contribué au rétablissement du trône légitime.
C'est un fait constant et notoire, qu'après avoir passé
la nuit du 6 au 7 avril 1814, avec ses collègues, les
membres du gouvernement provisoire, chez l'Empereur de Russie, à combattre contre la régence que l'on
voulait établir, après la déchéance de Bonaparte,
M. le comte de Beurnonville eut, le même jour, dans
la matinée, avec le Roi de Prusse, un entretien particulier, qui fixa, en faveur de la dynastie des Bourbons, la détermination des souverains alliés. Son nom

Gouvion-Saint-Cyr , les Larochejacquelin , les d'Ambrugeac , ce Commandant du 10.me régiment de ligne , si brave , si dévoué au Roi , etc. , fassent consister leur gloire , non dans les talents militaires où ils auront brillé , mais dans leur fidélité et leur dévouement à la patrie et à leur prince !

Périssent à jamais les fausses idées de grandeur , qui ont précipité la France dans l'abîme où on l'a vue plongée ! Périsse cet esprit de vertige qui , né dans les jours mauvais, a parcouru, infecté, toutes les provinces, s'est emparé d'un grand nombre d'individus , et a jeté de toutes parts des semences de rébellion , sous les noms d'indépendance et de liberté ! comme s'il y avait d'autre indépen-

---

occupait déjà d'honorables pages dans l'histoire : il s'est rendu de plus en plus digne des éloges que lui consacrera la postérité ; et il justifie, par ses sentiments pour son Roi, le surnom de *second Turenne de la Champagne* , que nous avons pris la liberté de lui donner dans les Mémoires de Grosley. Sa fidélité vient d'être récompensée par la dignité de maréchal de France.

dance possible, et de liberté raisonnable, que celles que reconnaissaient les peuples qui en étaient le plus idolâtres, les Grecs et les Romains, lesquels faisaient consister l'une et l'autre dans l'obéissance à la volonté générale, c'est-à-dire à la loi qui en est l'expression ! Périsse sur-tout ce goût insensé et porté jusqu'à la démence, à l'aide d'institutions merveilleusement propres à ramener à la barbarie, par l'extinction de toute idée de civilisation ; le goût exclusif des armes, qui transformait les jeunes gens en spadassins et les écoles en garnisons ; la soif ou la manie des conquêtes, produit de la démoralisation, qui tendait à ne faire de la France, devenue toute militaire, qu'un camp, ou plutôt qu'un vaste cimetière ! Car avec cet esprit de destruction et de vandalisme, elle eût bientôt ressemblé à ces monuments du faste des Pharaons, qui, grands à l'extérieur, ne renfermaient au-dedans que de vaines images d'un orgueil insensé, des représentations vides, ou des tombeaux pleins d'ossements humains et de poussière inanimée.

Rien de semblable n'est plus à craindre pour nous, sous le gouvernement sage et paternel d'un prince d'ailleurs éminemment pacifique. Si la France compte moins de guerriers, que sous l'usurpateur, dont l'indomptable passion pour la guerre en a sacrifié des millions à son dieu (1), elle aura en récompense un plus grand nombre d'artisans, d'artistes, de commerçants et de laboureurs. Si ses places fortes sont moins considérables, et ses arsenaux moins fournis d'artillerie et d'armes de toute espèce, une politique plus humaine et plus sensée les rendra moins nécessaires. Eh ! pourquoi nos voisins qui, comme nous, ont besoin de repos et n'ont pas besoin de s'agrandir, voudraient-

____

(1) César, dans la guerre des Gaules et dans la guerre civile, a fait, au rapport de Pline et de Plutarque, périr un million d'hommes. L'ex-Empereur a été au moins dix fois plus meurtrier que César ; car, si l'on compte toutes les levées d'hommes qui ont eu lieu pendant son règne, levées dont la presque totalité a péri par les fatigues des marches forcées, par les maladies, et sur les champs de bataille, et si l'on y joint, dans la même proportion, le nombre des ennemis dont il a causé la mort ; ces calculs donnent au moins dix millions d'individus enlevés à la population européenne, en quinze ou seize années.

ils envahir notre territoire, et troubleraient-ils notre paix, quand nous respecterons la leur? Le principe de la légitimité des souverains, ce principe fondamental de la société étant universellement reconnu et respecté, nous n'aurons plus rien à redouter de princes qui n'auront eux-mêmes rien à craindre de l'usurpation. Ainsi au-dehors, la France sera respectée, et dans l'intérieur la paix fera fleurir toutes les institutions qui donnent de la force à un État, qui font sa prospérité et sa gloire. Nous n'aurons plus à gémir de ces conscriptions qui, en moissonnant la plus florissante jeunesse, décimaient la population et faisaient maudire le plus doux présent du ciel, la paternité; ni de ces levées d'animaux nécessaires à l'agriculture, qui ruinaient la campagne; ni de ces réquisitions de tout genre, qui portaient un coup mortel à l'industrie et au commerce. Les propriétés plus respectées acquerront plus de valeur par une culture mieux suivie, et par la certitude de vivre et de mourir en paix sous le toit héréditaire. La religion recouvrera sa majesté, la morale son empire, et les principes d'ordre et de justice, une stabilité qui fondera à jamais le bonheur de la France.

Ce tableau que je ne fais qu'esquisser rapidement, cet âge d'or dont le retour est si désiré, peut se réaliser sous peu d'années, malgré l'étendue de nos pertes et la profondeur de nos blessures, si, pénétrés de la nécessité d'une réunion plus indispensable actuellement que jamais, nous faisons sincèrement le sacrifice de nos opinions qui ne s'accorderaient pas avec celles que commande l'intérêt général; si, oubliant le passé, à l'exemple de notre généreux monarque, nous abjurons tout sentiment haineux; et si, touchés de ses vertus sublimes, nous remplissons envers lui comme envers le représentant de la divinité sur la terre, les devoirs que Dieu et la conscience nous imposent. Ces devoirs consistent dans l'obéissance aux lois, à l'autorité du prince, ou à celle qu'exercent en son nom les agents chargés de l'exécution de ses ordres.

Quelles lois plus justes, que celles qui procèdent de l'autorité légitime! quelle obéissance plus douce, que celle rendue à un père qui commande! et quelle exécution plus facile, que celle d'ordres transmis par de dignes interprètes de sa volonté toujours en harmonie avec la loi ! Eh ! qu'avons-nous à désirer sous ce rapport ? Quel souhait pourrions-nous former qui ne fût déjà accompli ? Le Roi pouvait-il mieux déléguer son autorité, qu'à ceux qu'il a établis nos médiateurs auprès de lui ? Pouvait-il sur-tout faire choix de ministres plus dignes de sa confiance et de celle de la nation ? A leur tête et dans les places les plus éminentes de l'État, nous voyons, avec une admiration mêlée de joie et d'espérance, l'héritier du nom et des talents du génie immortel qui gouverna la France, sous le règne du fils du Grand Henri ; puis, ce député courageux qui, du haut de la tribune du corps législatif, porta le premier coup à la tyrannie, et se déclara en même temps le défenseur de la légitimité du trône ; le successeur des d'Aguesseau, des Lamoignon, des Malesherbes, dans la garde des sceaux, et l'administration de la justice ; les De Cazes, les Séguier, les Molé, les Pasquier, les Desèze, les Bellart, noms à jamais célèbres dans la magistrature ; les La Rochefoucault, les Lévis, les Châteaubriand, les Ferrand, les Fontanes, noms également célèbres dans les lettres ; les Blacas, les d'Escars, les Duras, les d'Havré, les Vitrolles, dignes

confidents d'un monarque dont l'amitié touchante aime à s'épancher dans le sein des
Héros, et paye par l'attachement et la reconnaissance les services rendus à la patrie,
témoin le Bailli de Suffren, ce brave marin,
sur l'urne duquel ses larmes royales coulent
encore (1). Une multitude d'autres person-

---

(1) On s'est borné à citer quelques-uns des principaux personnages, sur lesquels se fonde l'espoir de la
nation. C'est aux historiens et aux poètes à décrire et à
célébrer les actions de ceux qui ont bien mérité d'elle
dans ces derniers temps. Ainsi, par exemple, c'est à
M. le comte Pochini, qui vient de traduire dans la
langue du Tasse l'acte du sublime dévouement de
M. Guélon-Marc à son Roi, qu'est réservée la gloire
d'immortaliser par ses chants les héros de l'auguste
Maison de Bourbon et ses serviteurs fidèles; c'est à
l'auteur de la *Défense préliminaire de Louis XVI*, à
M. le chevalier de Foulaines, qu'appartient le droit
de célébrer « les Larochejacquelin, les Malesherbes,
» le même Guélon-Marc (*proclamé immortel par le*
» *Roi, lorsqu'il eut l'honneur d'être présenté à S. M., le*
» *2 juin* 1814), les Charette, et tant de braves, dont
» les noms doivent être offerts à la vénération et aux
» regrets du public », dans un ouvrage de ce publi-
ciste, intitulé : *Campagnes de* 1815, *ou les Bourbons, etc.*
Ouvrage intéressant, dont la préface éloquente vient
de paraître et fait vivement désirer de voir la prompte
publication.

nages , non moins recommandables , soit
dans la capitale , soit dans les principales
provinces du royaume , sont revêtus , les uns,
des charges et dignités de leurs ancêtres ,
appanage de talents et de vertus héréditaires ;
les autres , de fonctions auxquels leur propre
mérite les a élevés ; et qu'ils exercent avec
honneur et dévouement. Le concert le plus
admirable règne entre les principaux corps
de l'État. Une noblesse militaire , éprouvée
par la fidélité et le malheur , forme un lien
nécessaire entre le Roi et le peuple , et est à
la fois l'épée et le bouclier du trône et de la
nation. Enfin la monarchie , appuyée sur la
justice et la religion , se relève et sort glo-
rieuse de ses ruines , semblable à un arbre
antique qui , quoique mutilé par la foudre , a
conservé l'honneur de son feuillage , et , ra-
jeunissant , se couronne encore de verdure
et de fleurs , d'où naîtront , sous l'influence
d'un soleil vivifiant , des fruits abondants ,
source et aliments de la prospérité publique.

Que de motifs puissants de nous féliciter
du nouvel ordre de choses qui s'établit, et de
fondre nos sentiments dans un seul qui les
réunit tous, l'amour de la patrie et du prince !

Oui, Français, n'ayons plus qu'une opinion, celle de ne reconnaître que l'autorité du Roi, soit qu'il l'exerce lui-même ou qu'il la délègue à des mandataires, parce qu'elle seule est légitime ; qu'une volonté, celle de le servir, parce qu'il en est digne par ses vertus ; qu'une résolution constante, celle de lui rester attachés par les liens de la reconnaissance, comme par ceux du devoir, parce que tel est notre intérêt.

Il nous chérit en père, chérissons-le comme ses enfants, et ne formons plus à ce titre qu'une seule famille réunie sous le même chef et sous les mêmes lois.

Enfin, souvenons-nous sans cesse qu'il n'y a point de Patrie sans un Roi légitime, comme il n'y aurait point de Roi légitime sans la Patrie ; que l'amour de l'un est nécessairement celui de l'autre (1) ; et que si,

---

(1) « Chez nous l'amour de la Patrie n'est que » l'amour du prince : c'est le seul lien qui nous réu- » nisse, et qui, plus d'une fois, nous a empêchés de » nous séparer. » BERNARDIN DE SAINT - PIERRE, *Études de la nature, tome* 3, *page* 495, *édition de* 1804, *in-*8.º

comme un ancien l'a dit, « il est doux, il est beau de mourir pour son pays », il n'est pas moins doux ni moins glorieux de vivre pour aimer et servir le prince que le ciel nous a donné.

Cet écrivain célèbre est, après Fénélon, celui qui a le mieux parlé des devoirs réciproques des rois envers les peuples, et des peuples envers les rois ; celui dont les ouvrages respirent le plus l'amour de l'humanité et le patriotisme. Écoutons ce qu'il dit quelques pages après l'endroit cité ci-dessus :

« Ah ! si un seul homme peut être sur la terre l'es-
» poir du genre humain, c'est un Roi de France. Il
» règne sur son peuple par l'affection, son peuple sur
» l'Europe par les mœurs, l'Europe sur le reste du
» monde par la puissance. Rien ne l'empêche de faire
» le bien quand il lui plaît. Il peut, malgré la vénalité
» des emplois (qui subsistait alors), humilier le vice
» superbe, et élever l'humble vertu. Il peut encore
» descendre vers ses sujets, ou les faire monter vers lui.
» Beaucoup de rois se sont repentis d'avoir mis leur
» confiance dans des trésors, dans des alliés, dans des
» corps et dans des grands, mais aucun de s'être fié à
» son peuple et à Dieu. Ainsi ont régné les populaires
» Charles V et Saint Louis. »

« Ainsi vous aurez régné un jour », poursuit l'auteur, adressant la parole à Louis XVI ! Il fait l'éloge du règne de ce vertueux prince ; il présage que son nom sera un jour invoqué par les malheureux de toutes les

nations, révéré comme ceux des Titus et des Antonins,
et termine ainsi : « Pendant que vous recevrez sur la
» terre les hommages invariables des hommes, vous
» serez leur médiateur auprès de la Divinité, dont
» vous aurez été parmi nous la plus vive image. Ah!
» s'il était possible que nous perdissions le sentiment
» de son existence par la corruption de ceux qui nous
» doivent l'exemple, par le désordre de nos passions,
» par l'égarement de nos propres lumières, par les
» maux multipliés de l'humanité! ô Roi, il vous serait
» encore glorieux de conserver l'amour de l'ordre au
» milieu du désordre général. Les peuples livrés à des
» tyrans sans frein se réfugieraient en foule aux pieds
» de votre trône, et viendraient chercher en vous le
» Dieu qu'ils n'apercevraient plus dans la nature. »

Ne semble-t-il pas que Bernardin de Saint-Pierre
ait eu une vue prophétique de ce qui est arrivé, non
pas précisément à Louis XVI, mais à Louis XVIII ?
Ce Roi héritier de ses vertus comme de sa couronne ;
ce Roi non moins clément, dont le cœur semblable au
sien attire tous les cœurs, mérite tous les hommages,
et doit concentrer toutes les affections ; ce Roi enfin
qui, après Dieu, est la ressource de la France qu'il a
sauvée, et dont on peut dire, comme de Henri IV :

« . . . . . Du Dieu vivant c'est la brillante image ;
» C'est un Roi bienfaisant, le modèle des Rois ;
» Nous ne méritons pas de vivre sous ses lois.
» Il triomphe, il pardonne, il chérit qui l'offense.
» Puisse tout notre sang cimenter sa puissance!
» Trop dignes du trépas, dont il nous a sauvés,
» Consacrons-lui ces jours qu'il nous a conservés. »

(HENRIADE, Chant X^e.)

NOTES ADDITIONNELLES.

PAGE XII, ligne 11.me

M. le général comte d'Ambrugeac, digne frère du général qui commandait l'immortel dixième régiment de ligne au pont de la Drôme, vient de démontrer, avec la supériorité de son talent et de son caractère, jusqu'à quel point on aveugla les hommes les plus dévoués pendant le second interrègne. Il prouve dans un Mémoire, aussi fort par la logique et les pièces les plus authentiques, que par la noblesse et la rapidité du style, que les habitants du Maine, de la Vendée et de la Bretagne n'ont point perdu, en un jour, et sous les yeux du duc de Bourbon, le fruit de vingt années de gloire; qu'ils ont été calomniés par ceux qui, dans des Mémoires qu'ils n'osent publier, ont accrédité qu'un descendant du Grand Condé, qui avait son Roi, sa patrie et son fils à venger, n'a trouvé que de l'indifférence sur le sol vierge. Le Mémoire de M. le comte d'Ambrugeac sur le Maine et pays adjacens, sera consigné en entier dans un ouvrage qu'une plume impartiale et exercée a consacré à Dieu et au Roi. M. le comte du Chaffauld a déjà fait frémir les coupables : que sera-ce, lorsqu'on réimprimera le supplément à l'oraison funèbre de Larochejacquelin, et le Mémoire précité sur l'armée royale du Maine?

PAGE XIII, ligne 15.me

Il était écrit dans le livre des destins que nous devions encore être éprouvés. La nation qui fut étrangère au parricide du 21 janvier 1793, le fut aussi à l'invasion de l'usurpateur. A peine le Midi fut-il informé de son débarquement, qui devait être si funeste à la France, que Marseille se lève, le Gévaudan s'arme, le duc d'Angoulême est à la tête des braves, et son auguste compagne lutte seule contre les forces de Blaye, de Bordeaux, et celles amenées par le perfide Clausel. Où est le Tacite qui tracera en lettres d'or dans l'histoire les noms de R. de Sèze l'aîné, Larochejacquelin, Victor Duhamel, Ducoin, Paillès, Lynch, de Moudenard — Roquelaure, d'Alesme, Quessy, Maureuil, de Peyronnet, Vreillac-Aquard, et de tant d'autres qui se dévouèrent à la fille de Louis XVI, au moment même où dans les Pyrénées-Orientales on réitérait le serment de mourir pour Louis XVIII ?

PAGE XIV, ligne 9.me

L'obéissance en France fut toujours raisonnée, excepté pendant les vingt-cinq ans de révolution. J. Darcet, dans son supplément aux articles de M. Dupont-Constant, consignés dans les n.ºs 234 et 235 du *fidèle ami du Roi*, relatifs à la brochure de M. Rollac, démontre que nous ne fûmes tyrannisés que sous les factieux, et que nos Rois n'eurent et ne purent avoir que l'ambition d'être aimés.

L'auteur de l'ouvrage intitulé : *De la tactique des Jacobins et des Buonapartistes pour écarter les Royalistes des emplois*, explique une partie des motifs qui nécessitèrent la retraite de Monseigneur le duc de Bourbon, au moment même où la Vendée, le Maine et la Bretagne faisaient une levée de boucliers. Après avoir rendu l'hommage le plus mérité à l'héroïsme des Perpignanais, il emprunte les mêmes expressions, en parlant des comtes d'Ecquevilly , de Corsac , de Roquefeuil – d'Amber , F. de Gain-Linars , G. de Servières-du-Teillol , Hue de Blagny , de Choiseul-Beaupré , de Bosredon , H. de Lannoy , de Chambrun , des Marquis de l'Estang et d'Alesme , des Chevaliers de Secillon–Kerfu , Fossart de Rozeville , de Sautereau , de Mussan , Hue de la Haye , et le Meneust-de-Boisjouant ; de MM. Levain , maire de Fougerolles , C. du Bruel (de l'Aveyron) , et de Saint-Malo (de Ceret) , son frère , sous-préfet , *ibid.*

PAGE 16 , ligne 21.me

M. de Beauchamp a écrit , avec un grand talent , sur presque tous les événements importants du dernier interrègne : on regrette qu'il ait passé sous silence les habitants des Pyrénées-Orientales , et particulièrement les Roussillonnais , dont on va rappeler ici les services , d'après un Mémoire de M. Becasson-Feuquière :

A. de Jaubert , chevalier de Saint-Louis , écuyer de madame la duchesse de Bourbon , a servi dans les Gardes-du-Corps et a fait les campagnes de la révolution : il se rendit en Espagne en 1815 , et fut chargé par le vicomte d'Escars de sommer M. Vidé , commandant le fort des Bains , de reconnaître l'autorité du Roi ; il remplit cette mission , en surmontant les plus grandes difficultés ; il fut secondé par M. Sors , volontaire royal , recommandable par son attachement.

F. de Jaubert , chevalier de Saint-Louis , garde-du-corps , a fait les campagnes de la révolution en 1815 ; il joignit les volontaires royaux en Espagne.

E. de Jaubert , ancien capitaine d'infanterie , chevalier de Saint-Louis, a fait les campagnes de 1793, 1794 et 1795 en Espagne : il fut incarcéré en 1813, sur la fausse accusation d'avoir favorisé l'évasion de quelques prisonniers Espagnols. La Cour de Montpellier l'acquitta. Sa correspondance fut très-utile en Espagne à ceux qui, comme MM. de Saint-Malo, ne suivirent que l'étendard sans taches.

J. de Jaubert-de-Réart, garde-du-corps de Monsieur, fit la campagne de Béthune, et joignit les volontaires royaux en Espagne.

R. de Jaubert-de-Réart, frère du précédent, volontaire royal, fit la campagne de la Drôme, et celle d'Espagne.

F. de Jaubert-Vermeill, ancien officier d'infanterie, partit en 1815, en qualité de volontaire, avec le 10.me de ligne, pour voler au secours de Monseigneur le duc d'Angoulême.

J. J. Coma-Pont a fait en Espagne les campagnes de 1793, 1794 et 1795, celles de la Drôme et d'Espagne, sous les ordres de S. A. R., en qualité de sous-lieutenant dans les volontaires royaux. Il n'a trouvé que de nobles exemples à suivre dans sa famille, fière de lui appartenir.

J. de Camps offrit une haute-paye aux habitants d'Argelès, qui prendraient parti dans les volontaires royaux : il a fait en Espagne les campagnes de 1793, 1794 et 1795, et en 1815 celles sous les ordres du Prince.

A. Baron de Miro, colonel de la garde nationale de l'arrondissement de Ceret, a fait les campagnes de 1793, 1794 et 1795 en Espagne. Il fit un très-grand nombre de recrues pour les volontaires royaux. Une attaque de goute l'empêcha d'exécuter ses projets.

A. de Pagès, chevalier de Malte. Il a mérité ce bel éloge de la part de M. Vauquier : « Par-tout ailleurs « que dans les Pyrénées-Orientales, il passerait pour « l'homme le plus vertueux. »

MM. Ferrez, Villa et L. Carrieu, gardes-du-corps. Ces trois volontaires royaux, ainsi que les douze royalistes dont les noms suivent, ont fait les campagnes de la Drôme et celles d'Espagne sous les ordres du Prince.

F. de Cavaller, F. de Rovira, J. de Guardin, Calmette-d'Eluc, A. Bertrans ; E. de Cappot, F. de Cappot, Pourlet, le capitaine L. Buart, Bernarde, Clara, Doder, orfèvre.

M. de Natte, chevalier de Saint-Louis, joignit les Roussillonnais en Espagne. Après leur avoir donné dans leur cantonnement l'exemple de la piété sincère qui caractérisa les maréchaux de Broglie et de Mouchy, il leur donna, à l'attaque de Saint-Laurent de Cerdans, celui des vertus guerrières ; sa valeur rappelle celle de nos preux à la Terre-Sainte et à Bovines.

On lit dans les *Campagnes de 1815* un éloge pompeux, 1.º du maréchal de camp, vicomte de Lantilhac, sous-lieutenant des chevau-légers : il commandait la cavalerie royale à l'attaque de Saint-Laurent de Cerdans ; 2.º du comte de Meulan, chef de division du personnel au ministère de la guerre : il portait les dépêches pour le Roi, de Gand à Paris, et relevait le courage abattu de tous ceux qui perdaient l'espoir. Les argus de Desmarets le firent arrêter : on lui mit les fers aux pieds et aux mains : il répondit à ceux qui le martyrisaient : « Vous devez estimer l'homme qui » souffre pour le monarque auquel vous avez fait le » serment libre d'obéir; » 3.ᵉ de M. Charles de Bruel; il fut le seul Français qui, le 21 juillet 1793, eut le vertueux courage de venir demander à la barre de la Convention la liberté des Ecclésiastiques et des nobles, et le rapport de toutes les lois révolutionnaires, au nom des respectables habitants du canton de Reygniac. On trouve tous les noms des signataires dans les *Campagnes de* 1815.

Nous ne passerons pas sous silence les trois volontaires royaux, dont les noms suivent : M. Moriau, préposé à l'octroi de Perpignan, ancien soldat de la légion de Mirabeau. Son colonel, qui se connaissait en bravoure et en bon vin, disait : « Moriau ne recule » pas plus devant le feu de l'ennemi, que moi devant » la mousse d'une bouteille de Champagne. »

M. Bastide, appariteur à la mairie de Perpignan. Le marquis de Montesson, membre du conseil de Monseigneur le prince de Condé, le considérait comme un militaire distingué par sa bravoure et son respect pour la discipline. Il a servi à l'armée de Coblentz. Il a fait ensuite les campagnes de 1793, 1794 et 1795 en Espagne.

M. Gleises, né à Perpignan, sert dans la garde royale. Passant la revue avec les volontaires royaux, en mars 1815, il aperçoit sur l'estrapade de Perpignan le convoi funèbre de son père. A l'aspect du cercueil, ses yeux se remplissent de larmes qu'il a la force de retenir; il détourne la tête, et nouveau Talfi, il

s'écrie : « Je ne puis plus être utile à mon père, je me
» consacre tout entier à mon Roi ! »

Les abbés Figuères et Arnaud consolent l'Eglise par
toutes les vertus, qui caractérisent le bon Prêtre et le
bon Français. S. S., en récompense de leur dévouement à l'autel et au trône, les a décorés de l'ordre de
l'éperon d'or : les bénédictions de l'indigence mettent
le comble à leur éloge.

MM. J. Neyton à Mauriac, Vincent d'Ecquevilley
à Vauvillers, les comtes de Maugé, de la Ferronays,
H. de Valori, de Chambrun, de Botherel-Moron, et
H. Delannoy, les vicomtes de Graimberg et de Caylus,
MM. d'Ecquevilley à Fontenoy-la-Ville, Levain à
Fougerolles, Desavary, Guilbert-des-Vachaux et
Bouton à Béthune, Lebailly, maire d'Hinges, et
Poillion à Arras, sont l'objet d'autant de notices, qui
offrent de précieux matériaux aux rédacteurs du grand
Dictionnaire Biographique, que MM. Michaud im-
priment pour perpétuer la gloire de fidèles défenseurs
de la cause royale.

PAGE 22, ligne 18.me

« Avant de compromettre la dignité du trône, on
» avilit celle de l'autel : pour avilir le Roi et le Clergé,
» on ruina le monarque et les lévites. La France offre
» le spectacle d'un État colossal, qui expie la violation
» du pacte qui unit les peuples aux rois, comme une
» chaîne invisible rattache le ciel à la terre. » *Adresse
du 30 mars 1814 à la garde nationale de Paris. Camp.
de 1815, page 11.*

PAGE 29.

A la fin de la note correspondante à cette page, nous

avions, dans la première édition, exprimé le vœu de voir placé dans l'hôtel-de-ville de Troyes, un tableau représentant Henri IV. Un artiste de la capitale, aussi distingué par son royalisme que par ses talents et sa modestie, M. Gérard-Bertaelen, a, nous écrit-on, secondé notre vœu. Il esquisse une allégorie à la gloire de Henri IV et de Louis XVIII : on voit dans le lointain les noms qui ont honoré Troyes. Le même artiste achéve un tableau représentant Louis XVI, sur la tête duquel l'orage est prêt à fondre ; non loin de S. M., est une colonne antique surmontée par un paratonnerre : sur la base du monument sont les titres de divers ouvrages, qui précédèrent celui de MM. Desèze, Tronchet et Malesherbes.

PAGE 33, ligne 10.me

Louis XVIII ne cesse de donner des preuves de la plus grande sollicitude pour les Français qui n'ont de ressource que dans leur industrie. S. M. a toujours présent à l'esprit ce trait si noble et trop peu connu de Louis XVI, cité dans un ouvrage publié le 24 décembre 1792, auquel l'immortel Malesherbes fait allusion dans sa réponse à M. Guélon-Marc, et consigné en dernier lieu dans l'introduction du grand ouvrage de M. Hamelin-Bergeron. —— Le Bailli de Suffren S. Tropez, ce preux qui fit autant pour le triomphe des mœurs, que pour celui de notre marine, désirait que ses subordonnés s'occupassent d'un art mécanique. Celui du tourneur avait fixé principalement ses regards. Lorsqu'il vint jouir de sa gloire dans la capitale, il montra au souverain un jeu de siam en ivoire, qu'il avait exécuté pour madame Elizabeth. Le monarque trouva

(86)

tant de précision dans ses proportions, qu'il l'imita en
fer, et lui en fit don, en lui disant : « On peut vous
» confier le métal dont vous faites un si bon usage
» contre nos ennemis. En me délassant par un art mé-
» canique, je vais, après l'acquit de mes grands de-
» voirs, me rapprocher des dernières classes, qui
» font également partie de ma grande famille » ——
Louis XVI écrivait au même Bailli de Suffren : « Mes
» frères partagent mon opinion sur tous les Français :
» les grands seuls nous approchent ; mais tous nos
» concitoyens nous sont chers. La divinité voit du
» même œil tous les hommes bons : nous, qu'elle a
» placés au-dessus des autres, nous ne pouvons nous
» rapprocher de son infini qu'en nous efforçant de
» l'imiter. »

PAGE 72, ligne 6.me

A cet endroit de la première édition se trouvait un
morceau, où nous avons félicité le département de
l'Aube de voir son premier magistrat, qui devait lui
être cher par douze ans d'une administration douce,
sage et éclairée, rendu à ses vœux par la bonté de S. M. ;
où nous avons payé à MM. les maire, adjoints et
conseillers municipaux de Troyes, le tribut d'éloge dû
à leurs services pendant les événements de 1814 et de
1815 ; services si importants que leurs noms, et particulièrement ceux de M. Piot de Courcelle, maire, et de
M. Payn, premier adjoint, déjà récompensés par S. A.
R. MONSIEUR, passeront à la postérité ; où enfin nous
avons rendu hommage au bon esprit des habitants de la
Champagne, qui venait de se manifester dans le choix,
fait par les colléges électoraux, de MM. les comtes

Beugnot et de Labriffe, de M. Delahuproie et de M. Paillot – Deloynes , députés à la Chambre du corps législatif. Ces Messieurs ont rempli leur mission selon l'attente de leurs commettants. On a eu occasion d'admirer , parmi les talents les plus célèbres , ceux de M. le comte Beugnot, qui , consacrés à la défense de la royauté , avaient déjà brillé avec éclat, en 1792, dans la seconde assemblée nationale. M. Paillot – Deloynes s'est couvert de gloire par un discours plein d'élévation et de force , qu'il a prononcé en faveur de ses malheureux compatriotes incendiés et ravagés par la guerre, sur lesquels il a eu le bonheur d'appeler les bienfaits du monarque : succès flatteur qui lui mérite la reconnaissance ! Combien de noms n'aurions nous pas à citer , si nous placions ici tous ceux de nos concitoyens, qui ont également bien mérité de la Patrie et du Roi! Nous ne pouvons nommer que rapidement M. de Boulogne, cet éloquent prélat , intrépide défenseur de la religion , heureux de souffrir pour elle sous la tyrannie , et célébrant son triomphe sous un prince aussi pieux que clément ; M. Van– deuvre , avocat-général à la cour royale de Paris , dont le beau talent s'est fait remarquer dans l'affaire des soi–disant patriotes de 1816, et a rivalisé avec la noble éloquence du fils de l'illustre défenseur de Louis XVI ; M. Guélon-Marc déjà célébré dans cet écrit, mais dont le dévouement sublime pour ce Roi martyr est au– dessus de tout éloge ; car *il a été sans modèle et est digne d'en servir;* M. Bouillerot, curé de Romilly-sur-Seine , dont le *Discours pour la bénédiction d'un drapeau* est la preuve éloquente de ses sentiments pour le monarque chéri des Français ; MM. les comtes Grundler et de Mellet, et Cadoudal, ces militaires si distingués par la bravoure et l'honneur ; MM. Bailly, valet de chambre du Roi ; le chevalier Valdené ; MM. Rivière ; MM. Parisot et Berthelin , conseillers ; MM. Corps-Demauroy , Antoine de Paillot et Paillot de Saint-Léger, de Tugnot, le baron du Bouzet , De Fadates de Saint-George , Jules Gossin , et tant d'autres magistrats dont Troyes s'honore , tous fidèles à leurs devoirs et dévoués au Roi et à la Patrie.